초등학생이 꼭 알아야 할 통일 이야기
렛츠(Let's) 통일 - 치유와 통합

초판 1쇄 인쇄 2019년 8월 2일
초판 1쇄 발행 2019년 8월 9일

기획   건국대학교 통일인문학연구단
발행인 김태영
발행처 도서출판 씽크스마트
주　소 서울특별시 마포구 토정로 222(신수동) 한국출판콘텐츠센터 401호
전　화 02-323-5609 · 070-8836-8837
팩　스 02-337-5608

ISBN 978-89-6529-209-8 73330

- 잘못된 책은 구입한 서점에서 바꿔 드립니다.
- 이 책의 내용, 디자인, 이미지, 사진, 편집구성 등을 전체 또는 일부분이라도 사용할 때에는 저자와 발행처 양쪽의 서면으로 된 동의서가 필요합니다.
- 도서출판 〈사이다〉는 사람의 가치를 밝히며 서로가 서로의 삶을 세워주는 세상을 만드는 데 기여하고자 출범한, 도서출판 씽크스마트의 임프린트입니다.
- 원고 | kty0651@hanmail.net
- 페이스북 | www.facebook.com/thinksmart2009
- 블로그 | blog.naver.com/ts0651

씽크스마트 • 더 큰 세상으로 통하는 길
도서출판 사이다 • 사람과 사람을 이어주는 다리

이 도서의 국립중앙도서관 출판예정도서목록(CIP)은 서지정보유통지원시스템 홈페이지(http://seoji.nl.go.kr)와 국가자료공동목록시스템(http://www.nl.go.kr/kolisnet)에서 이용하실 수 있습니다.(CIP제어번호:2019021508)
2009년 정부(교육과학기술부)의 재원으로 한국연구재단의 지원을 받아 제작되었습니다(NRF-2009-361-A00008).

어린이제품안전특별법에 의한 제품 표시
제조자명 김태영 ＼**제조년월** 2019년 8월 ＼**제조국** 대한민국 ＼**사용연령** 만 10세 이상 어린이 제품

씽 교과서 시리즈 05

초등학생이 꼭 알아야 할 **통일** 이야기

렛츠 통일 Let's

치유와 통합

기획 건국대학교 통일인문학연구단

| 추천사 |

향후 더욱 확장될 한반도 평화시대를 준비할 수 있는 평화통일교육이 절실한 시점입니다. 통일인문학연구단의 인문학자들이 그동안의 연구 성과를 바탕으로 지난 번 청소년 통일교재에 이어 초등학생 통일교재를 펴낸 것은 이런 점에서 매우 고무적인 일이라고 생각합니다.

전 통일부장관 **정세현**

남북은 같은 말과 글을 사용하고 있어서 언제라도 소통이 가능합니다. 단지 약간의 말과 어문규정에 차이가 있을 뿐입니다. 이 책은 통일시대를 대비하여 어린이들에게 남북의 차이를 이해할 수 있도록 친절하고 알차게 구성되어 있습니다. 통일 교과서로서 모자람이 없습니다.

전 겨레말큰사전 남측편찬위원장 **홍윤표**

지금까지 통일교육은 남한의 우월함을 내세우면서 북한을 무시하고 더 나아가 적대하는 시선을 갖도록 하였습니다. 이 통일교재는 단순한 주입식 설명을 넘어서 입체적으로 남북 문화와 사람들의 소통 방식을 드러내 어린이들이 균형감 있게 통일문제에 접근할 수 있는 책입니다.

EBS PD, 전 남북교육교류추진단장 김혜영

통일인문학은 분단과 통일의 문제를 체제 중심에서 사람의 정서와 욕망 그리고 생활문화를 중심으로 접근하는 학문입니다. 통일인문학 연구자들이 펴낸 초등 통일교재 역시 체제나 안보의 가치보다 민주주의, 평화, 소통 등 민주시민 교육에서 중요한 보편적 가치들을 담고 있습니다.

한국철학연구회

이 책은 기존 교과서와 연계된 내용을 반영함으로써 실제 공교육 현장에서 유용하게 사용될 수 있도록 집필되었습니다. 특히 통일을 일상의 문제들과 함께 바라보고 분단과 전쟁이 남긴 마음의 상처를 치유하는 책의 내용은 다른 통일교재에 볼 수 없는 색다른 점이기도 합니다.
서울특별시성동광진교육지원청 **정선일**

수업용 교재로 사용 가능한 초등학생용 통일교육 단행본이 거의 없는 상황에서 이 책이 나와 무척 반갑습니다. 학자들이 이론적 연구에만 치우치지 않고, 어려운 이론 내용들을 초등학생들의 인지적·정서적 수준에 맞게 쉽게 풀어 쓴 노력을 높이 평가합니다.
서울천동초등학교 교장 **하준수**

이 교재는 통일에 대한 접근이 안보나 체제 중심이 아니라 우리 삶의 문제로부터 생각하게 하는 내용들로 채워져 있습니다. 평화와 인권, 소통 등 민주주의의 가치들을 이해하고 터득할 수 있는 내용들을 담고 있어, 초등학생을 위한 통일교육 현장에 꼭 필요한 교재라고 생각합니다.
서울사당초등학교 교사 **안병욱**

초등학교 교사들이 학교 통일교육 현장에서 활용할 수 있는 흥미로운 콘텐츠와 활동이 많이 있습니다. 또한 지식 전달뿐 아니라 정서적 공감과 상상력을 불러일으키는 내용으로 구성되어 있습니다. 어린이들이 평화와 통일에 대해 창의적으로 사고하는 데 적합한 교재입니다.

서울성일초등학교 **최종덕**

| 머리말 |

우리 다함께
Let's 통일!

　《렛츠 통일 – 평화와 소통》, 《렛츠 통일 – 치유와 통합》은 건국대 통일인문학연구단의 통일인문학 교재 시리즈 중 하나인 '통일인문학 초등 교재'로 기획된 책입니다. '통일인문학'은 분단과 통일 문제를 인문학적으로 이해하려는 학문적 노력입니다. 인문학은 사람의 정서와 욕망을 이해하고 그 바탕 위에서 사람다운 삶의 무늬를 그리고자 하는 학문입니다. 따라서 통일인문학은 분단과 통일의 문제를 사람을 중심으로 이해하려는 새로운 학문입니다.

　남북분단은 단순히 두 국가나 체제의 분열만이 아니라 그 속에 살고 있는 사람의 분단이기도 합니다. 남북 사이에는 지난 70년 넘는 세월 동안 서로 상처를 주고받으면서 마음속 깊이 두려움과 미움, 그리고 적대의 감정이 쌓여왔습니다. 그래서 우리가 바라는 통일은 서로 다른 두 체제를 단지 하나로 통합하는 문제일 수는 없습니다. 사람들의 마음에 미움과 적대 감정이 살아 있는데, 하나의 국가로 통일한들, 제대로 된 통일일 리가 없을 것이기 때문입니다. 이는 마치 한 지붕 아래 사이 나쁜 두 가족이 함께 살아가는 것과 같습니다. 통일은 단순히 체제의 통합만이 아니라 남과 북 사람들 사이에 가로놓인 마음의 장벽을 허무는 '사람의 통일'이 되어야 할 것입니다.

 이 책은 초등학생들이 '사람의 통일'이 무엇인가를 이해하고 체험할 수 있도록 내용을 구성했습니다. 마음의 장벽을 허물기 위해서는 남북이 평화롭게 공존하면서 서로를 이해하는 소통의 노력과 상처를 보듬는 치유의 노력을 통해 통합에 이르는 과정이 필요할 것입니다. 그래서 평화와 소통(1권), 치유와 통합(2권)이란 제목을 붙였습니다. 1권은 통일미래 세대가 일상의 삶에서 평화의 감수성을 기르고 평화의 필요성을 체감하는 내용, 그리고 서로 다른 둘이 만나 더불어 살아가는 진정한 소통을 고민하는 내용으로 구성되어 있습니다. 2권은 현재까지도 우리 삶 곳곳에 지속되는 분단의 상처와 그 치유방법을 살펴보는 내용, 그리고 서로의 차이들이 만나서 새로운 공동체로 통합되는 다양한 방법에 대한 내용으로 구성되어 있습니다.

 이 책의 특징은 국가나 체제 중심의 '통일'만을 이야기하지 않고 평화, 소통, 치유, 통합 등 사람다운 삶을 형성하는 다양한 인문가치와 더불어 통일을 폭넓게 생각하는 데 있습니다. 또한 전체적으로 4

개의 주제영역이 각 3개의 단원으로 구성된 이 책은 단원마다 4개의 구성 단계를 갖습니다. 친근하게 주제에 접근하며 다양한 생각들을 모아보는 '똑똑! 다가가기', 기초지식을 습득하고 주제의 쟁점을 이해하는 과정인 '아하! 알아보기', 정서적 공감 및 자유로운 상상력을 불러일으키는 자율활동 과정인 '같이! 함께하기', 함께 공부한 내용을 바탕으로 더 깊고 멀리 생각해보는 '뚜벅! 나아가기'가 유기적으로 구성되어 있습니다. 더불어 필자들은 문장 형태의 서술은 가급적 최소화하고 보조 콘텐츠를 풍부하게 활용하면서도, 별도의 교사참고서가 없는 이 교재의 특성상 인지적 학습을 줄이는 것이 능사는 아니라는 점도 고려했습니다. 왜냐하면 '사람의 통일'이라는 생소한 주제에 대한 풍부한 설명이 필요한 데다, 인지적 학습과 감성적 활동을 어떻게 조화시킬 것인지가 관건이었기 때문입니다. 나아가 이 교재는 기존의 교과목 학습 내용과 연결될 수 있도록 구성되었으며, 다양한 체험 활동 및 자율활동을 배치하여 일선 학교의 통일교육 시간에 활용될 수 있도록 고려했습니다.

이 책이 발간되기까지 통일인문학연구단 교수님들의 노력에 감사드립니다. 특히 이 책이 나오는 데 결정적 역할을 한 이병수 교수님과 박재인 HK연구교수님, 그리고 통일인문학연구단 연구원들(조배준, 김정아, 한상효, 윤여환, 남경우, 곽아람, 박솔지, 이의진)의 노고를 잊을 수 없습니다. 기획 단계부터 매주 모임을 갖고 함께 글을 검토·토론하고, 원고의 교정·교열에 이르는 마지막까지 1년 동안 쏟은 이들의 헌신적 노력이 없었다면, 이 책은 나오지 못했을 것입니다. 특히 초등학교 통일교육 경험이 풍부하신 금북초등학교 이도건 선생님의 성실한 조언은 크게 도움이 되었습니다. 모든 분께 마음속 깊이 감사드립니다. 통일인문학을 만들어 가고 있는 필자 선생님들과 이 교재를 디딤돌 삼아 '사람의 통일'을 만들어 갈 학생들의 행복한 만남이 있기를 기원합니다.

건국대 통일인문학연구단 단장 **김성민**

| 차례 |

제1부

추천사 • 4

머리말 우리 다함께 Let's 통일! • 8

미안해 한반도

1장. 코리언의 이산과 분단

똑똑! 다가가기	우토로 마을 이야기	21
아하! 알아보기	이산과 분단의 상처	23
	분단 때문에 더욱 깊어진 이산의 상처	26
같이! 함께하기	고려인들의 강제이주 고통	30
뚜벅! 나아가기	우토로 마을 뒷이야기	34

2장. 3년 1개월의 싸움이 남긴 상처

똑똑! 다가가기	우리가 기억하는 '분단'	37
아하! 알아보기	전쟁의 역사, 분단의 역사	39
	6·25전쟁 이야기	43
같이! 함께하기	할아버지의 북녘 고향	47
뚜벅! 나아가기	6·25전쟁의 다른 이름들	51

3장. 사라지지 않는 분단의 상처와 치유

똑똑! 다가가기	분단이 뭐예요?	55
아하! 알아보기	만들어진 간첩, 끝없는 비극	57
	뜻깊은 역사마저 왜곡하는 분단	61
같이! 함께하기	역사를 '함께' 기억하기	66
뚜벅! 나아가기	상처를 치유하기 위한 통일	70

제2부

지금부터 시작해, 통일!

1장. 허물자! 마음의 장벽

똑똑! 다가가기	무슨 일이 있었던 걸까?	77
아하! 알아보기	마음의 장벽을 허물어 가는 과정, '통일'	79
	'사람의 통일'을 만들기 위한 노력	82
같이! 함께하기	함께하는 새로운 공간 DMZ 평화통일공원 만들기	85
뚜벅! 나아가기	달라져왔고 달라져가는 남과 북의 관계	89

2장. 함께하자! 통일 한반도

똑똑! 다가가기	한반도의 아리랑	93
아하! 알아보기	닮았지만 다른 우리, 코리언	94
	모든 코리언이 한반도 통일의 주인공	97
같이! 함께하기	차이에서 만들어지는 새로움	100
뚜벅! 나아가기	내가 부르는 아리랑	102

3장. 만들자! 통일의 미래

똑똑! 다가가기	남과 북이 서로 통하다	105
아하! 알아보기	차이들이 만나서 새롭게 만들어내는 공동체, '통일'	107
	분단이 만들어낸 문제들을 해결하는 과정, '통일'	110
같이! 함께하기	리듬합주를 통해 생각하는 차이들의 만남과 하모니	114
뚜벅! 나아가기	통일절 상상하기	117

1장. 코리언의 이산과 분단
똑똑! 다가가기 우토로 마을 이야기
아하! 알아보기 1 이산과 분단의 상처
아하! 알아보기 2 분단 때문에 더욱 깊어진 이산의 상처
같이! 함께하기 고려인들의 강제이주 고통
뚜벅! 나아가기 우토로 마을 뒷이야기

3장. 사라지지 않는 분단의 상처와 치유
똑똑! 다가가기 분단이 뭐예요?
아하! 알아보기 1 만들어진 간첩, 끝없는 비극
아하! 알아보기 2 뜻깊은 역사마저 왜곡하는 분단
같이! 함께하기 역사를 '함께' 기억하기
뚜벅! 나아가기 상처를 치유하기 위한 통일

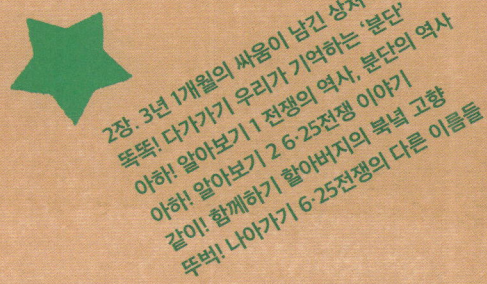

2장. 3년 1개월의 싸움이 남긴 상처
똑똑! 다가가기 우리가 기억하는 '분단'의 역사
아하! 알아보기 1 전쟁의 역사, 분단의 역사
아하! 알아보기 2 6·25전쟁 이야기
같이! 함께하기 할아버지의 북녘 고향
뚜벅! 나아가기 6·25전쟁의 다른 이름들

일제강점기, 분단, 전쟁, 이산…. 코리언들은 커다란 고통을 겪었습니다. 이들 고통의 흔적은 아직 우리 삶 곳곳에 남아 있습니다. 지금도 그 이야기를 들을 때, 우리는 가슴이 아프고 분노가 일어납니다. 우리는 직접 당한 사람이 아닙니다. 하지만 우리는 그런 역사적 기억들 때문에 화가 치밀어 오르는 것을 경험합니다.

트라우마란 전쟁, 폭력, 사고 등 충격적 사건을 겪은 이후, 생긴 마음의 상처입니다. 모든 충격적 사건이 트라우마를 유발하는 것은

아닙니다. 하지만 트라우마가 있는 사람은 그때를 연상시키는 일이 다시 일어나면 정상적인 생활을 하지 못합니다. 이들 상처가 불면증, 악몽, 기억상실, 불안과 공포 등 장애를 유발하기도 합니다.

트라우마는 개인뿐만 아니라 여러 사람에게 함께 발생하기도 합니다. 일제 식민지배, 남북 분단, 6·25전쟁 등 집단이 함께 겪은 역사적 사건들은 우리 민족 전체에게 트라우마를 남겼습니다. 그것은 역사적 사건을 직접 경험하지 않은 후손들에게 전해지기도 합니다.

일제강점기나 6·25전쟁을 직접 경험하지 않은 우리가 일본이나 북에 대해 거부감이나 공포감을 가지고 있는 것처럼요. 역사적 사건 때문에 여러 사람이 함께 겪고, 그 후손들에게 전해지는 트라우마를 '역사적 트라우마(Historical Trauma)'라고 부릅니다.

제1장
코리언의 이산과 분단

우토로 마을 이야기

MBC 예능프로그램에 소개되었던 우토로 마을의 사연

"할머니는 왜 한국을 떠나 일본 우토로에 살고 계실까?

1910년 8월 조선은 일본에 나라를 빼앗겼습니다. 그 후 조선인들은 일제의 탄압으로 고통을 겪고 깊은 상처를 입었습니다. 일제강점기, 수백만의 조선인이 강제로 낯선 땅에 끌려갔다가 다시는 고향에 돌아오지 못했지요.

80여 년 전 강경남 할머니의 오빠도 강제로 일본 교토로 끌려갔습니다. 그때 강경남 할머니는 어머니의 손을 잡고 오빠를 찾으러 이곳 우토로에 왔다고 합니다. 하지만 오빠는 찾을 수 없었고, 다시 조선으로 돌아갈 수도 없었다고 합니다.

　MBC <무한도전>에서는 우토로 마을을 방문하여 할머니에게 고향의 음식과 흙을 전달해 주는 내용을 방영하였는데요. 그중 한 출연자가 눈물을 참지 못하고 펑펑 우는 장면이 있었습니다. 그것은 할머니의 말씀 때문이었습니다. 할머니는 80여 년 만에 만난 조국의 청년에게 어떤 이야기를 하셨을까요?

이산과
분단의 상처

세계 각 곳에 살아가는 코리언들

세계 곳곳에 많은 코리언들이 살고 있습니다. 특히 한반도 주변에 많이 모여 살고 있는데요. 그 숫자를 알아볼까요? 인터넷 검색을 통해 한반도 근처에 살고 있는 코리언 인구를 알아봅시다.

* 해외 동포 현황을 알아보는 방법!

통계청이나 외교부 사이트에 들어가 재외동포 현황을 검색해 보세요.

- 외교부(www.mofa.go.kr) → 여행/해외체류정보 → 재외동포정책 및 현황

- 통계청(www.kostat.go.kr) → e-나라지표 → 재외동포 현황

2017년 통계청 자료에 보면 일본에는 818,626명, 중국에는 2,542,620명, 러시아에는 169,680명, 중앙아시아 등지에는 309,224명의 동포들이 살고 있습니다. 이들은 고향을 떠나 해외에

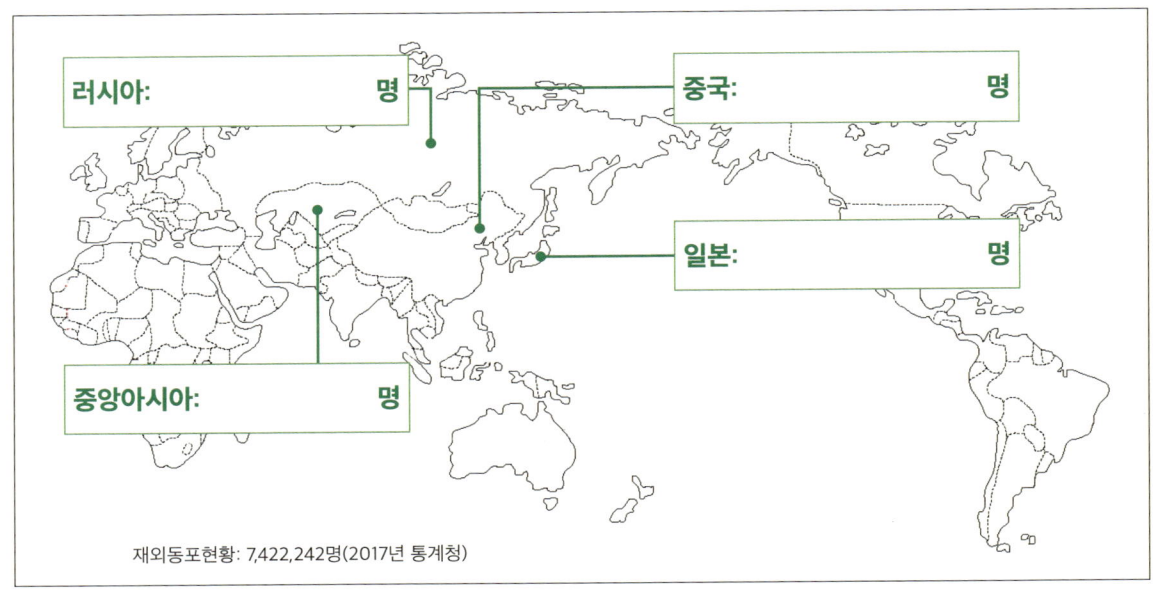

서 살아가면서도, 한반도를 잊지 않고 있답니다.

지금도 계속되고 있는 식민의 상처

일제강점기의 상처는 현재에도 계속되고 있습니다. 일제의 식민지 지배는 우리 민족의 자주독립을 빼앗고, 생존권을 짓밟은 범죄였지만, 그 피해자들은 제대로 사과받지 못해 아파하고 있습니다.

식민의 문제는 또 있습니다. 우리는 1945년 해방되었지만, 남과 북으로 갈라졌습니다. 식민지배가 없었다면 분단되는 일도 없었을 것입니다. 분단되면서 일제강점기에 고향에서 쫓겨난 많은 코리언이 다시는 우리나라로 돌아오지 못했습니다.

식민에서 분단으로, 멈추지 않았던 이산의 상처

현재 중국, 일본, 러시아 지역에 흩어져 있는 코리언들 중 많은 사람들은 일제강점기의 피해자들입니다. 많은 사람들이 괴롭힘에 못 이겨 한반도를 떠났습니다. 그리고 일본은 전쟁에서 승리하기 위해 많은 코리언들을 낯선 곳에 강제로 끌고 가 군인과 노동자로 일하게 하였습니다. 매우 힘든 환경에서 코리언들은 죽을 고비를 넘기며 고통당했습니다.

해방 직후 조국으로 돌아오다 침몰당한 강제징용자를 추모하기 위해 일본인들이 세운 〈순난의 비〉(일본 교토부의 마이즈루)

낯선 곳에 버려진 코리언은 살기 위해 애를 썼습니다. 모르는 곳에 버려진 이들은 언젠가는 고향에 돌아갈 것이라고 믿으며 살기 위해 온 힘을 다했습니다. 이들을 가리켜 재중 조선족·재일 조선인·재러 고려인·사할린 한인이라고 합니다.

분단 때문에 더욱 깊어진 이산의 상처

고향에 돌아오지 못한 코리언들

1945년 8월 15일 한반도는 일제로부터 해방되었습니다. 그러나 많은 동포가 한반도로 돌아오지 못했습니다. 왜 그들은 돌아오지 못했을까요? 왜 한반도에 사는 가족이나 친구들과 연락조차 할 수 없었을까요? 여러 이유가 있지만, 가장 큰 영향을 미친 것은 남북 분단이었습니다.

살아온 땅을 빼앗기는 고통

일본 우토로는 1941년 일본 정부가 군 비행장을 만들기 위해 조선인을 강제로 끌고 가 노동을 시켰던 곳입니다. 1945년 일본은 제2차 세계대전에서 지자, 천 명이 넘는 조선인을 그곳에 내버려둔 채 나몰라라 했습니다.

우토로 조선인들이 살던 땅을 빼앗긴 데는 분명 일본 정부의 박해

1945년 8월 조선이 해방되었으나, 식민지 때 일본 우토로에 강제로 끌려왔던 1,300여 명의 조선인이 갈 곳을 잃었어요.

조선인들은 우토로에 남아 마을을 만들고 살아갔습니다. 열악한 환경에서 고생했지요.

1979년, 우토로 주민들은 정부에 수도관 설치와 도로 포장을 요청했는데요. 일본 정부는 땅주인의 허락 없이 해줄 수 없다고 했습니다.

어느 날 땅주인이 나타나 우토로 조선인들에게 이 땅을 떠나라고 했습니다. 2000년 조선인들이 항소했으나 일본 대법원은 주민들의 말을 들어주지 않았고 강제 철거가 확정되었지요.

와 차별이 원인이 되었죠. 그러나 이 문제는 남과 북, 두 분단국가의 책임이기도 합니다.

고향에 가고 싶어도 갈 수 없었던 우토로 주민들

한반도는 해방되자마자 남과 북으로 분단되었고, 5년 후 6·25전쟁이 일어났습니다. 둘로 갈라져 싸우고 있던 조국은 이들을 잊어버리고 맙니다.

> (제2차 세계대전) 전쟁이 끝나도 나는 갈 곳이 없었습니다. 오라고 하는 사람도 없고, 세상이 어떻게 돌아가는 건지 알 수가 없었습니다. … (먼저 처자식을 귀국시키고) 나는 조금 더 조선이나 일본의 상황을 보고 돌아가려 했지만 어느새 그대로 돌아갈 수 없는 처지가 되어버렸습니다.
> - 우토로 1세대 김임생 할아버지(1912년생) 증언

> (해방 후) 매일처럼 기쁨에 넘쳤습니다. 하지만 일본이 패전한 다음날부터 일거리는 없어졌습니다. 우리들한테 일을 시키던 사람들은 언제 어디로 사라졌는지 감쪽같이 없어져서 우리들은 버려진 채 그대로 남게 되었던 것입니다. … 고향에 돌아가고 싶은 심정은 굴뚝 같았지만 조선에서 생활을 다시 시작할 수 없는 상황이었습니다.
> - 우토로 1세대 문광자 할머니(1920년생) 증언

출처 : 우토로를지키는모임 저·배지원 역, 《강제철거에 맞선 조선인 마을 오토로》, 민중의소리, 2005.

우토로 주민들은 조국의 분단으로 갈 곳 잃은 자신들의 처지를 호소하기도 했습니다. 이들이 겪은 상처에는 삶의 터전을 빼앗긴 문제와

한반도의 '분단' 문제가 깊이 얽혀져 있다고 할 수 있습니다.

코리언 해외 동포를 잊어서는 안 되는 이유

우토로 1세대 강경남 할머니는 고국을 떠나온 지 수십 년이 되어 우리말도 거의 잊고 있었습니다. 그런 할머니가 힘을 내며 동포 젊은이에게 꼭 들려주고 싶었던 말씀은 무엇이었을까요?

그것은 "남의 것을 빼앗는 나쁜 짓을 하지 말라"는 말씀이었는데

> 세상을 살아도 나쁜 짓을 하면 안 된다. 절대로. 남의 것을 훔쳐 가서 먹고 나쁜 소리를 하고 그러면 안 된다.
> - 우토로 1세대 강경남 할머니의 덕담(MBC〈무한도전〉)

요. 강제징용*과 거주권 박탈*을 경험한 할머니의 말은 그 '나쁜 짓'에 희생당했던 당사자의 아픈 체험이 담긴 진심이었습니다. 그리고 평화의 미래를 열어갈 후손들에게 꼭 남기고 싶은 말이었어요. 원망하거나, 복수심에 불타는 말이 아니었기 때문에, 더욱 많은 생각을 하게 되는 가르침이었습니다.

* 일제강점기에 일본 정부가 조선 사람을 강제로 끌고 가 힘든 노동을 시켰던 일을 말합니다.
* '이곳에 살 권리를 빼앗기다'라는 의미로, 사람이 살던 곳에서 마구잡이로 쫓겨나는 불합리한 상황을 말합니다.

고려인들의 강제이주 고통

몇 번이나 반복되었던 이산의 아픔, 고려인들의 강제이주

러시아와 중앙아시아에서 살아가는 코리언을 가리켜 '고려인'이라고 부릅니다. 이들 대부분은 일본인들에게 농토를 빼앗기고 농사를 짓기 위해 연해주로 갔거나 일본 제국주의가 강제 징용한 사람들이었습니다. 또한 이들은 이곳에 정착해 조국의 독립을 위해 싸우는 독립군을 지지하고 지원했습니다.

그러던 어느 날, 당시 소련 정부 정책에 따라 조선과 가까운 연해주 지역에서 중앙아시아로 강제 이주되었습니다. 이를 1937년 스탈린[*]의 강제이주 정책이라고 합니다. 스탈린 정부가 일본을 위한 간첩행위를 방지한다는 이유로 머나먼 중앙아시아의 카자흐스탄과 우즈베키스탄으로 보내버린 것입니다.

* 이오시프 스탈린(1878~1953)은 구소련(소비에트 연방)의 정치인으로, 1929년부터 1953년까지 소련의 최고지도자가 되어 권력을 장악했던 인물입니다. 자신의 신념과 권력장악을 위해 무자비한 학살을 저질렀습니다.

고려인 대부분은 급작스러운 이주로, 생활용품도 챙기지 못하고

중앙아시아로 강제이주 당한 고려인들의 정착지, 우슈토베[Ushtobe]*

겨우 몸만 열차에 실었습니다. 기차는 추위와 배고픔 속에서 30~40일 정도를 달렸습니다. 많은 사람이 죽어갔습니다. 그들은 고려인들

* 중앙아시아로 강제이주 당한 고려인들의 정착지, 우슈토베는 1937년 연해주에서 강제이주 당한 고려인들이 정착한 도시입니다. 스탈린 정부 때 약 10만 명의 고려인들이 이곳으로 강제이주를 당했고, 많은 고려인들은 구소련 정부의 감시 및 환경의 악조건 등 어려움을 극복하며 살아남았습니다.

을 우슈토베, 크질오르다, 타슈켄트에 내려놓았습니다.

갑자기 떠난 고생 길, 우리는 어디로?

고려인의 강제이주는 약 3~7일 전에 통보되었고, 대부분의 고려인들은 급작스러운 이주로 혼란과 어려움 속에 강제이주 열차에 몸을 실었습니다. 대략 30~40일 정도 걸려 고려인들은 중앙아시아 우슈토베, 크질오르다, 타슈켄트까지 이동하였습니다.

고려인의 강제이주 경로는?

고려인들을 실은 강제이주 열차는 블라디보스톡에서 출발했습니다. 하바롭스크, 크리스노아르스크, 노보시바르스크를 지나 중앙아시아로 떠났습니다. 그리고 우슈토베, 크질오르다, 타슈켄트 등지에 고려인들이 흩뿌려진 것입니다.

1. 앞의 지도에서 고려인의 이주 경로를 살펴 볼까요?

고려인들의 강제이주 경로는 약 6,000km입니다. 서울에서 부산까지의 이동 경로가 428km이니, 약 15배의 거리를 이동한 것입니다. 그때 당시의 기차로 30일 이상 걸렸습니다.

30일 동안 고려인들은 기차 안에서 생활해야 했습니다. 그들은 급작스럽게 기차에 올라 옷도 제대로 챙기지 못했습니다. 먹을 물과 음식이 부족했고, 위생상태도 좋지 않았습니다. 어린아이와 노인, 병자와 같은 약자들이 죽어갔습니다. 그렇게 한 달여의 여정은 고통의 시간이었습니다.

그러나 그걸로 끝난 것이 아닙니다. 그들은 우물도 집도 없는 허허벌판 황무지에 고려인들을 내려놓고 사라졌습니다. 고려인들은 땅을 파고 움집을 지어 추위를 견디고 근처 마을에 가서 먹을 것을 구해왔습니다. 그 당시 그곳에 원래 살던 사람들은 벼농사를 짓지 못했습니다. 하지만 고려인들은 그곳에 자리 잡아 벼농사를 짓기 시작했고 위기를 극복했습니다.

우토로 마을 뒷이야기

우토로의 조선인 마을 강제철거 확정 이후의 이야기

2000년 일본 대법원이 강제철거를 확정한 이후에 우토로 조선인 마을을 어떻게 되었을까요?

　우토로 땅주인은 한국 정부에 55억 원 땅값을 제안하고, 2005년 9월에 강제철거하거나 우토로를 팔아버릴 것이라고 했습니다. 우토로 주민회는 당시 노무현 대통령에게 편지를 보냈어요. 한국에서는 '우토로국제대책회의'가 생겼고, 우토로 주민들을 돕는 모금캠페인

을 시작했습니다. 그리고 한국뿐 아니라 일본 내부에서도 우토로 주민들을 돕는 모임이 생겼습니다. '우토로를 지키는 모임'과 '우토로 정내회' 등이 그것입니다.

2007년 한국 정부는 우토로 주민들을 돕기 위해 30억 원을 지원하기로 결정했습니다. 우토로 땅의 1/3을 매입하였고, 덕분에 약 150명의 한인이 거주할 수 있게 되었습니다.

그래도 우토로는 끝내 지켜지지 못했는데요. 오랜 시달림으로 많은 주민들이 우토로를 떠났기 때문입니다. 결국 2017년 우토로는 재개발이 기획되면서 철거가 확정되었습니다.

제2장

3년 1개월의 싸움이 남긴 상처

우리가 기억하는 '분단'

여러분, '분단'이라는 단어를 들으면 어떤 생각이 드나요? 혹은 어떤 기분이 느껴지나요? 분단이라는 말과 함께 떠오르는 것들을 다음 표에 적어 보세요.

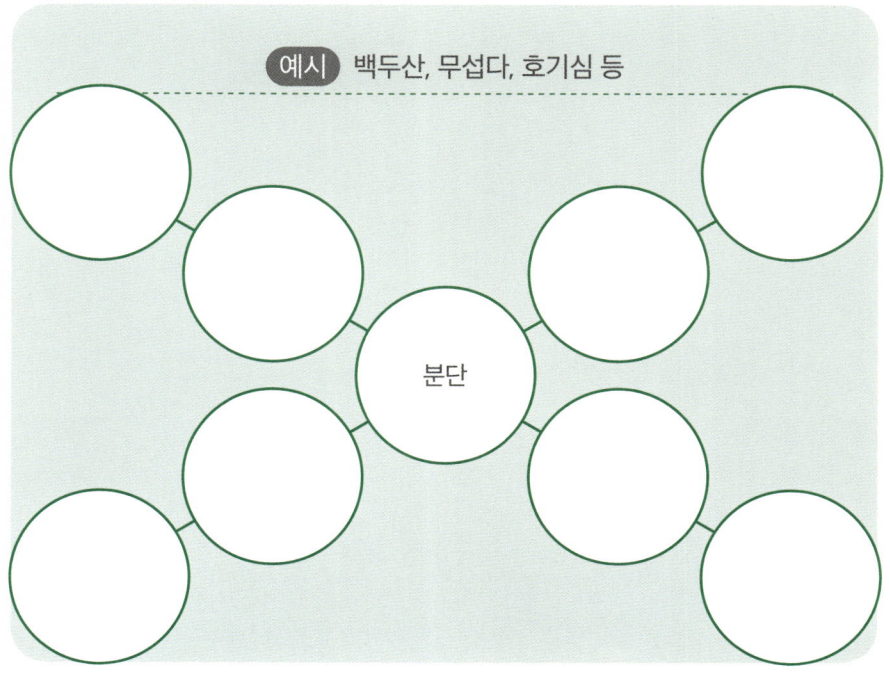

이 장에서는 분단과 전쟁의 역사를 자세하게 살펴보겠습니다. 여러분의 생각과 비교해 보세요.

전쟁의 역사, 분단의 역사

두 개의 나라로 갈라지다

일본의 식민지였던 한반도는 1945년 8월 15일 해방을 맞이하였습니다. 하지만 일본군을 무장해제한다는 명분으로 북위38도선을 기준으로 북한은 소련군이, 남한은 미군이 관리하게 되었습니다.

미국, 영국, 소련, 중국 등 4개국의 신탁통치 소식이 알려지자 찬성

하는 사람들과 반대하는 사람들로 나누어져 서로 심하게 다투었습니다. 양쪽을 화해시키려는 사람들도 등장했지만 이들의 노력은 실패하고 말았습니다.

결국 한반도는 2개의 나라로 갈라졌습니다. 남한은 1948년 8월 15일 대한민국, 북한은 1948년 9월 9일에 조선민주주의인민공화국을 각각 수립하게 되었습니다.

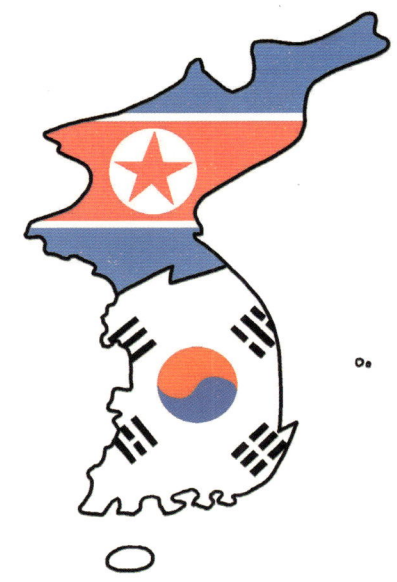

소리 없는 전쟁의 시작

6·25전쟁 이전에도 조선의 독립 및 정부 수립을 둘러싼 갈등과 대립이 있었습니다. 제주4·3사건, 여순사건과 같이 투쟁이 벌어졌고, 38선 인근에는 1949년부터 6·25전쟁 하루 전까지 1년 반 동안 874회의 전투가 벌어지기도 했습니다. 6·25전쟁이 벌어지기도 전에 이미 무수한 사람들이 죽거나 다쳤습니다.

모스크바 삼상회의와 신탁통치

1945년 12월 모스크바 3상회의에서 한반도의 임시정부를 수립하고, 임시정부와 미소공동위원회의 협의를 통해 미국·영국·소련·중국 4개국이 최대 5년 동안 신탁통치를 한다는 데 합의했습니다. 가장 중요한 임시정부 수립문제는 제쳐두고 신탁통치 문제만 부각되어 찬성과 반대가 극심했습니다.

6·25전쟁 전에 벌어졌던 큰 싸움

제주4·3사건은 6·25전쟁이 벌어지기 이전에 생긴 가장 큰 사건 중 하나였습니다. 제주에서는 단독정부수립을 반대하는 사람들이 모여들었고 제주도민들을 차별하는 것에 대항하는 대규모 투쟁이 일어났습니다.

1947년 3월 1일 말을 탄 경찰이 어린아이를 다치게 하자 이를 본 시민들은 분노했습니다. 사람들은 항의하기 위해 경찰서에 몰려갔습니다. 하지만 경찰은 이들을 향해 총을 쏘았습니다. 서로 불신과 분노가 커졌습니다. 이승만 정부는 이들 모두를 좌익*으로 몰아갔습니다. 1948년 4월 3일부터 1954년 9월 21일까지 무력으로 제주도민들의 투쟁을 진압했습니다. 이 과정에서 죄 없는 제주도의 수많은 시민이 죽거나 다쳤습니다.

* 이념 갈등에서 사회주의 혹은 공산주의를 추구하는 사람들을 가리키는 말로, 한때 남한에서는 좌익들에 대한 억압과 경계가 심했습니다.

6·25전쟁 이야기

6·25전쟁의 전개과정을 알아볼까요?

역사적 이야기

1950년 6월 25일
인민군의 남침

어떠한 일이 벌어지고 있었을까요?

북한군은 전쟁을 개시한 지 3일 만에 서울을 점령하고, 7월 21일 대전까지 완전히 점령했습니다. 이후 북한군의 남진이 계속되자, 유엔군은 8월 3일 낙동강을 최전선으로 하는 낙동강 방어선을 구축했습니다.

역사적 이야기

1950년 9월 15일 유엔군의 인천상륙작전

어떠한 일이 벌어지고 있었을까요?

인천상륙작전으로 빼앗겼던 땅을 되찾자 민간에서는 많은 일이 벌어졌습니다. 한때 북한군이 시키는 대로 식량을 주거나 일을 도왔던 사람들은 국군들에게 고초를 겪게 되었습니다. 그리고 평소에 사이가 좋지 않았던 사람들은 서로 신고를 하면서 마을 전쟁이 일어나기도 했습니다.

1950년 10월 19일 중국군 개입

유엔군의 북한 진입이 자국 안전에 대한 중대 위협이라 판단한 중국은 10월 19일 군대를 보내 압록강을 건넜습니다. 이제 6·25전쟁은 중국군 대 유엔군의 전쟁으로 바뀌었습니다. 다시 서울이 함락되고 중국군과 인민군이 경기도 평택까지 남진하였으나, 유엔군에 의해 저지되었습니다.

역사적 이야기

어떠한 일이 벌어지고 있었을까요?

정전협정이 체결되는 시점의 전선을 군사분계선으로 삼게 되면서 남북은 조금이라도 유리한 지역을 차지하기 위해 치열한 전투를 벌였습니다. 그중에서도 백마고지는 10일간 고지의 주인이 24회 바뀔 정도로 혈전을 벌인 곳입니다.

6·25전쟁 이전에 38선을 기준으로 남한 땅이었던 개성은 북한이 점령하게 되고, 철원은 남한이 차지하게 되면서 휴전선을 중심으로 남북은 또 다시 나뉘게 되었습니다.

45

승자도 패자도 없는 6·25전쟁

6·25전쟁은 국군과 북한군만의 싸움이 아니었습니다. 북한에는 중국군이 참전하고, 남한에는 16개국이 참전을 하는 국제전의 양상을 띠었습니다. 이 전쟁으로 인해 수많은 피해자들이 발생했고 승자도, 패자도 없이 우리에게 깊은 상처만 남겼습니다.

단위: 100,000명

 전쟁고아 약 100,000명

 이산가족 약 10,000,000명

 남한 민간인 사망자 약 990,960명

 북한 민간인 사망자 약 1,550,000명

*국방부 블로그 동고동락, 국방부 유해발굴감식단 홈페이지 자료 참고

할아버지의 북녘 고향

남경수 할아버지는 북한에 있는 가족들의 소식을 듣고자 실제로 중국의 연변까지 직접 찾아갔습니다. 하지만 북한에 있는 가족들을 만날 수 없어서 마음이 매우 아팠습니다. 오랜 시간이 지나도 여전히 북한에 있는 가족들을 그리워하는 할아버지에게는 어떤 사연이 있는 걸까요?

❶ 6·25전쟁이 발발하자 남경수 할아버지와 가족들은 피난을 떠나게 됩니다.

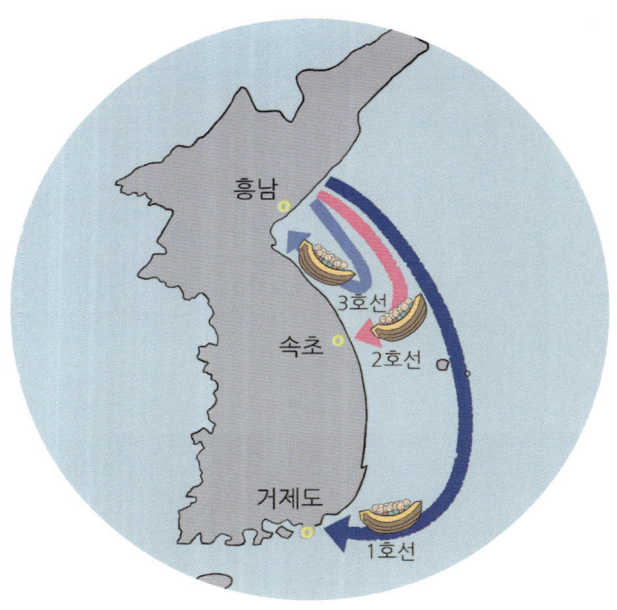

❷ 가족이 함께 1호선에 탔으나 자리의 여유가 있었던 3호선에 가족들만 옮겨 태우게 되었습니다. 갑자기 불어 닥친 풍랑으로 인해 가족들이 탄 3호선은 흥남으로 배를 돌려 북으로 돌아갔습니다.

❸ 남경수 할아버지가 탄 배만 남한에 도착하게 되었고 남경수 할아버지는 배를 나누어 탄 후로 가족과 영영 헤어지게 되었습니다.

함경남도 흥남이 고향이지만 한 번도 갈 수 없었던 남경수 할아버지. 만약 북에 있는 가족들과 다시 만나 북한의 여러 곳을 자유롭게 다닐 수 있다면 어떠한 여행 계획을 세우면 좋을까요?

남경수 할아버지를 위한 고향 방문 경로

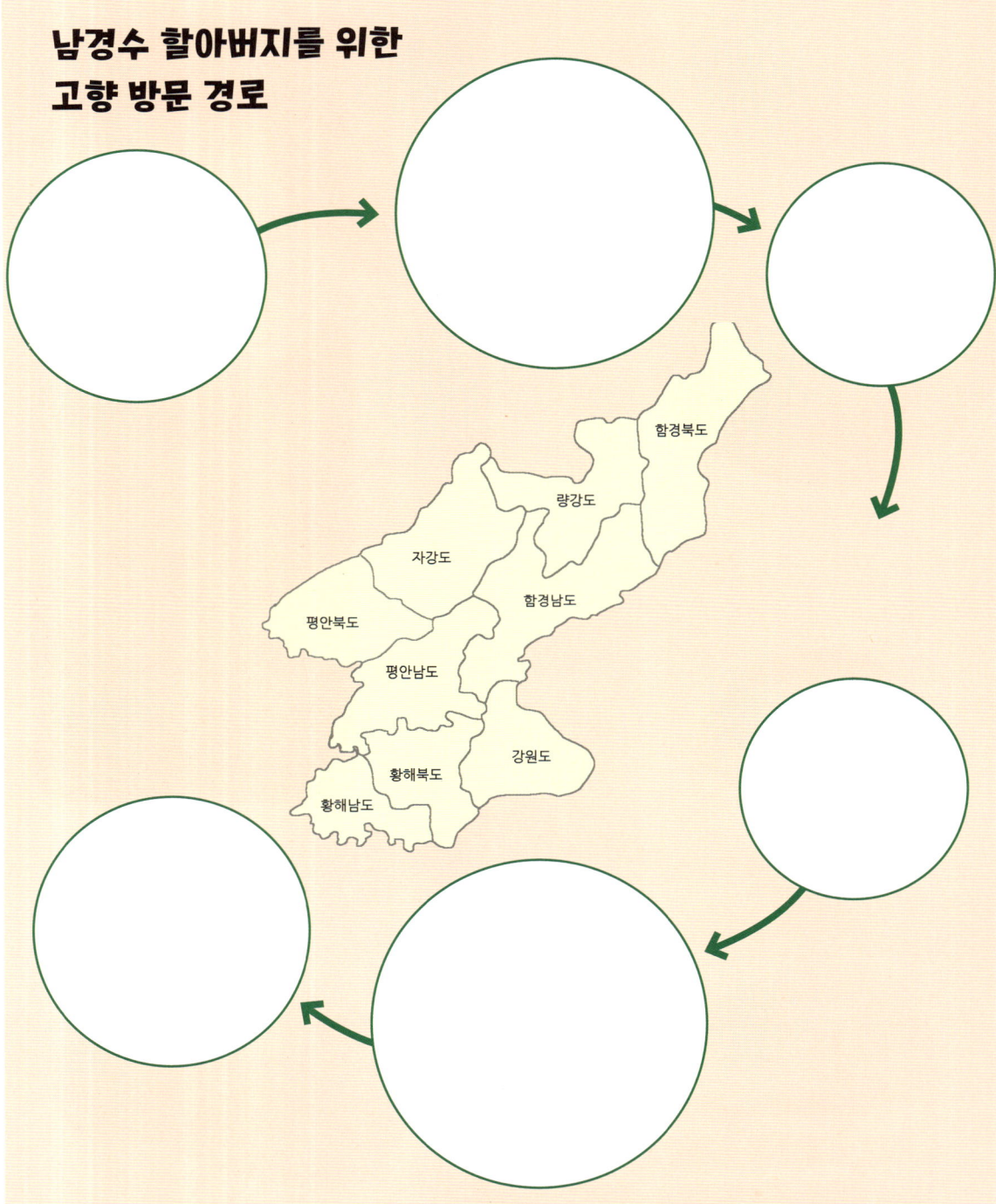

6·25전쟁의 다른 이름들

6·25전쟁은 여러 나라들에 의해 각각 다른 이름으로 불려왔습니다. 그 이름들 속에는 다양한 의미가 담겨져 있습니다. 함께 알아봅시다.

한국: 6·25전쟁, 6·25동란, 한국동란, 한국전쟁

북한: 조국해방전쟁(祖國解放戰爭)

일본: 조선전쟁(朝鮮戰爭)

중국: 항미원조전쟁(抗美援助戰爭)

영미권: Korean War(코리언 전쟁), Korean Conflict(한국 전투, 한국 분쟁), Korean Civil War(한국 내전)

1. 전쟁이 우리에게 어떤 상처를 남겼는지 이야기를 나누어 봅시다.

2. 전쟁을 부르는 다른 이름들에는 각 나라의 입장이 담겨있습니다. 각 이름에 담긴 의미는 무엇인지 생각해 봅시다.

제3장

사라지지 않는 분단의 상처와 치유

분단이 뭐예요?

어른들이 이야기하는 '분단'은 어떤 뜻일까요?

'분단'은 단순히 남과 북의 영토만 갈라진 것만을 말하지 않습니다. 해방 직후 한반도에는 미국과 소련에 의해 38선이 그어졌습니다. 이후 1948년에 남한과 북한은 서로 다른 국가를 세웠지요. 그렇게 시작된 분단은 70여 년 동안 계속되며 민족의 분단으로 이어졌습니다. 이렇게 분단은 '영토-국가-민족'의 갈라짐을 의미합니다.

만들어진 간첩, 끝없는 비극

길을 잃은 고깃배

분단이 시작되면서 남과 북은 서로의 상황을 알아보기 위해 몰래 사람들을 보내곤 했습니다. 이 사람들을 '간첩'이라고 합니다. 그런데 간첩이 아닌데도 억울하게 누명을 쓰고 간첩으로 몰린 사람들이 있습니다.

예전에는 바다에서 자기 위치를 확인하는 장비가 지금처럼 좋지 않았습니다. 그래서 멀리 보이는 산이나 나침반을 보고 방향을 잡아야 했지요. 북한과 가까웠던 강원도 속초 바다에서는 안개가 끼거나 나침반이 고장 나면 위치를 알 수 없었습니다. 그래서 원하지 않았는데도 북한의 바다로 넘어가는 경우가 종종 있었습니다. 혹은 북한군이 남한의 고깃배를 납치하기도 했습니다. 이렇게 납치된 어부들을 '납북어부'라고 합니다.

돌아온 납북어부가 간첩이라고?

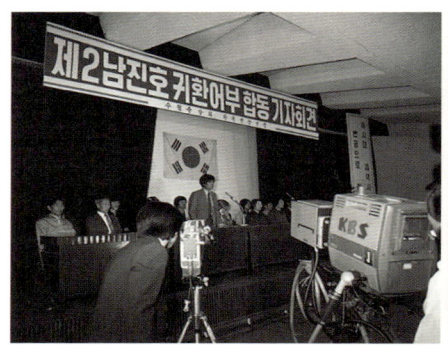 

1981년 5월 20일 한 고깃배가 항구로 들어오고, 수많은 사람들이 환호성을 지르며 어선에서 내리는 사람들을 환영했습니다. 바로 1980년 9월 바다에서 조업을 하다가 북한의 바다로 넘어가 북한에 끌려갔던 '납북어부'들입니다. 안○○ 아저씨도 그들 중 한 명입니다. 이렇게 납북어부가 귀환하면 온 나라가 기뻐했습니다. 하지만 어느 날 안○○ 아저씨는 갑자기 모르는 사람들에게 끌려가 고문을 당하게 되었습니다. 아저씨가 '간첩'이라는 이유였지요.

거짓으로 만들어진 자백과 이어지는 고통

간첩이 아니었던 아저씨는 계속되는 고문 끝에 결국 자신이 간첩이라고 말하고 말았습니다. 아저씨를 고문하던 사람들이 시키는 대로 자신이 하지도 않은 일들을 인정하며 누명을 썼던 것입니다.

　감옥에서 나온 아저씨의 삶은 모두 망가졌습니다. 고문의 후유증으로 신체적 장애를 갖게 되었고, 형님과 어머니는 억울함을 견디지 못해 돌아가셨습니다. 그리고 친척과 동네 이웃들은 아저씨를 손가락질했습니다. 아저씨는 너무나 억울했습니다. 하지만 간첩이 아니라고 누구에게도 말할 수 없었지요.

27년 만의 무죄 선고, 풀리지 않는 억울함

27년 후, 안○○ 아저씨는 무죄를 선고받았습니다. 당시 정부가 북한에 대한 두려움을 지속시키기 위해 여러 사람에게 억울한 간첩 누명을 씌웠다는 사실이 밝혀진 것입니다. 그래도 여전히 많은 사람이 안○○ 아저씨를 오해하고 있다고 합니다. 게다가 돌아가신 가족들

도 다시 살아 돌아올 수 없고요. 아저씨의 억울함과 상처는 어떻게 해야 할까요?

계속되는 누명 씌우기와 아픔들

억울한 일을 당한 사람들은 납북어부만이 아닙니다. 대학생들과 학자들, 공무원 등 다양한 사람들이 간첩으로 몰렸습니다. 최근에는 북한에서 남한으로 넘어온 탈북민들을 '간첩 아니야?'라는 의심의 눈초리로 대하는 사람들도 있지요.

남과 북으로 갈라진 분단은 이렇게 계속해서 사람들에게 상처를 남기고 있어요. 남과 북이 서로를 이기기 위해, 네가 틀리고 내가 맞다고 하기 위해, 그리고 서로에 대한 증오 때문에 대립하면서 남과 북의 많은 사람들이 아파하고 있습니다.

뜻깊은 역사마저 왜곡하는 분단

세계가 인정한 5·18광주민주화운동이 거짓으로 얼룩지다

남과 북이 적대적 관계에 있다는 이유로, 독재정권은 민주화운동을 탄압하고 인권을 억압하기도 했습니다. 민주화된 지금도 그 당시의 상처로 고통받는 사람들이 있습니다. 5·18광주민주화운동이 대표적입니다.

5·18광주민주화운동은 시민들이 군부 독재에 맞서 민주화를 요구한 대표적인 투쟁 중 하나였습니다. 현재 이 운동은 유네스코 세계기록문화유산에 등재되어 있습니다. 그러나 1980년 당시 정부에서는 5·18광주민주화운동이 북한 지령에 따른 폭동이므로 나라의 안위를 위해 폭력적으로 진압할 수밖에 없었다고 거짓말했습니다.

지금도 5·18광주민주화운동의 배후에 북한이 있다고 믿는 사람이

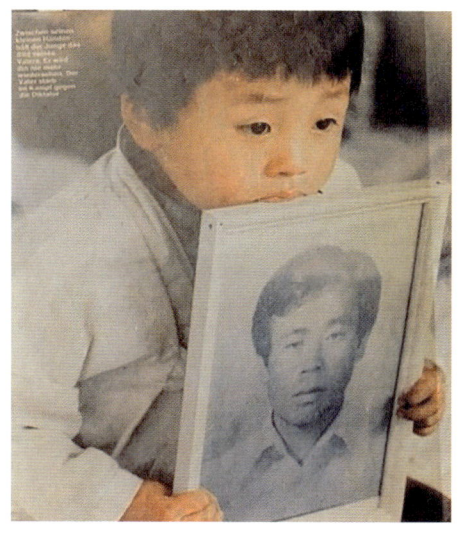

적지 않습니다. 정부에서 여러 차례 북한군은 개입한 적이 없다고 발표했지만, 여전히 오해하는 사람들이 많습니다. 오히려 사람들은 5·18 희생자와 그 가족들을 북한과 관련 있다며 손가락질하고 비웃기도 했습니다. 이러한 행동은 5·18 희생자와 가족들에게 또 다른 상처를 주는 것인데도 말이지요.

분단을 나쁘게 이용하는 사람들

한반도의 분단 상황이 나쁘게 이용되기도 합니다. 어떤 사람들은 자신의 이익을 위해서 분단 때문에 상처받은 사람들을 오히려 조롱거리로 만듭니다. 혹은 우리의 소중한 역사를 왜곡하기까지 합니다. 자신의 잘못을 감추고, 더 많은 이익을 얻기 위해서 분단을 이용하는 것입니다.

　이들의 악행을 멈추게 하려면, 우리는 어떻게 해야 할까요? 우리가 통일 문제에 무관심하거나, 분단 때문에 상처받은 사람들을 모른 척한다면, 분단을 이용하는 사람들은 더욱 많아질 것입니다. 그 사람들은 계속 분단을 이용하면서 우리를 속이겠지요. 결국 우리도 분단의 희생자가 될 수 있습니다.

역사를 올바로 기억하기

일본은 조선을 식민지로 삼고 악행을 저질렀습니다. 하지만 일본은 지금까지도 자기들이 저지른 잘못을 인정하지 않고 거짓말을 합니

다. 그런 일본의 모습에 우리는 또 상처받고 있고요. 하지만 일본의 악행을 기억하는 사람들은 점점 늘어가고 있습니다. 더 많은 사람이 우리의 아픈 역사적 상처를 올바르게 기억할수록 일본은 거짓말을 할 수 없게 될 것입니다.

   분단과 통일 문제는 어른들만의 이야기가 아닙니다. 나와 내 가족에게도 일어날 수 있는 '나의 문제'입니다. 그래서 '나'부터 분단의 상처를 제대로 알고 기억해야 합니다. 분단의 상처를 올바르게 기억하는 사람들이 많아지면, 분단을 이용해 사람들을 아프게 하는 일들이 줄어들 수 있기 때문입니다.

역사를 '함께' 기억하기

한 번 잘못 알려진 사실을 제대로 바로잡는 일은 너무나 어렵습니다. 많은 시간이 필요하고 너무나 큰 노력이 필요하지요. 그런데도 사람들은 거짓을 밝히고 진실을 알리기 위해서 힘을 내고 있습니다. 바로 역사를 여러 사람이 '함께' 기억하기 위해서입니다.

글, 그림, 사진, 영상 등 다양한 방식의 매체를 채우는 내용물을 콘텐츠라고 합니다. 대중매체의 콘텐츠는 많은 사람이 한꺼번에 접

할 수 있는 지식과 정보들입니다. 이러한 콘텐츠를 창작하는 사람들 가운데 역사 속 거짓을 밝히고 진실을 알리기 위해서 노력하는 사람들도 있습니다.

우리 이런 일을 할 수 있는 역사 콘텐츠들을 찾아볼까요?

1. 역사의 진실을 알려주는 영화, 만화, 책 중에서 내가 본 것이 있나요? 자신이 본 것 하나를 적고 친구들과 함께 기억해 봅시다.

형식	제목	내용
소설		
영화		
뉴스		
인터넷 영상		
블로그		
광고		
포스터		
현수막		

2. 현기영 작가의 〈순이삼촌〉이라는 소설은 분단 역사의 진실을 알리는 콘텐츠 중 하나입니다. 소설의 내용을 다 함께 살펴볼까요?

〈순이삼촌〉은 제주도에서 일어났던 비극적인 제주4·3사건을 이야기합니다. 제주 출신 작가 현기영은 이 사건이 제주도민들의 삶에 어떤 상처와 기억을 남겼는지 소설로 증언했습니다. 소설 속 '순이삼촌'은 4·3사건 때 죄 없는 사람들을 마구 죽이던 현장에서 기절하여 있다가 시체더미 속에서 살아난 사람입니다. 이 소설은 그 충격이 순이삼촌에게 어떤 상처를 남겼는지 보여주고 있습니다.

현기영, 〈순이삼촌〉

주인공은 할아버지 제사에 참석하려 8년만에 고향인 제주도로 향합니다. 제주도에서는 촌수를 따지기 어려운 친척 어른을 남녀 구별 없이 '삼촌'이라 부르며 지냅니다. 그런데 제삿날에 순이삼촌이 보이질 않네요. 순이삼촌은 나이가 많은 여인으로 두 달 전까지 주인공의 서울 집에서 집안일을 돌보아주다가 제주도로 다시 내려오셨거든요.

순이삼촌은 조금 이상했어요. 아무도 없는데 자신을 비웃는 목소리가 들린다고 괴로워했습니다. 그리고 우연히 벌어진 일에도 신경을 쓰며 자기 잘못도 아닌 것을 굳이 증명하려고 애를 썼습니다. 예를 들면 생선을 굽다가 생선살이 으깨지자, 자신이 먹은 것이 아니라며 굳이 생선 굽는 석쇠를 들고 방으로 들어와 변명을 합니다. 아무도 순이삼촌을 탓하지 않았는데도 말이죠.

그런데 순이삼촌의 사위가 말하길 그런 증세가 제주4·3사건 때 고통을 받아서 생긴 것이라고 했습니다. 그리고 고모부는 제주4·3사건 당시 일어났던 일들은 과거의 일이니 그냥 덮어두어야 한다고 말합니다. 주인공은 당시에 일어났던

참혹한 일들을 직접 목격했는데도 다른 이들 모두가 '침묵해야 한다'고 말하는 겁니다.

1948년 제주에서는 어떤 일이 있었던 것일까요? 그리고 순이삼촌의 가족들은 왜 침묵해야 한다고 하는 것일까요?

상처를 치유하기 위한 통일

통일은 왜 해야 할까요? 전쟁·분단 등 역사적인 사건은 과거에 일어났던 일입니다. 하지만 그 상처는 지금까지도 수많은 사람을 아프게 하고 있습니다. 심지어 어떤 사람들은 자신의 이익을 위해 분단의 상처를 이용하고 거기에 생채기를 내기도 합니다.

안○○ 할아버지: 그들의 눈물을 닦아주고 한 맺힌 마음을 풀어주지 않는 이상 그들에게는 모두가 적이야.

납북어부 안○○ 아저씨가 말합니다. 자신처럼 분단으로 인해서 억울한 일을 당한 사람들이 흘리는 눈물을 닦아주고 위로해 주어야 한다고 말입니다. 아저씨만 그런 억울함을 겪는 것이 아닙니다. 분단이 계속된다면 이 땅에 사는 누구나 그런 일을 겪을 수 있습니다.

상처받는 사람들을 위로하고 더는 그 상처 때문에 아픈 사람들이 생기지 않게 하기 위해서는 잘못된 역사의 기억을 바로잡고 그들의 고통과 아픔을 위로하면서 사회 전체가 이들의 상처를 보듬기 위해 노력해야 합니다.

또한 그렇게 상처받은 사람들을 치유하면서 분단을 극복하고 코리언들 전체가 동포로서의 따뜻한 사랑을 만들어 가야 합니다. 이것은 남한과 북한 사이에서의 상처를 치유하는 것만이 아닙니다. 일제강점기에 중국, 일본, 구소련으로 흩어졌다가 다시 만나는 코리언들의 상처도 우리가 감싸 안아야 합니다.

1장. 허물자! 마음의 장벽
똑똑! 다가가기 무슨 일이 있었던 걸까?
아하! 알아보기 1 마음의 장벽을 허물어 가는 과정, '통일'
아하! 알아보기 2 사람의 통일을 만들기 위한 노력
같이! 함께하기 함께하는 새로운 공간 DMZ 평화통일공원만들기
뚜벅! 나아가기 달라졌었고 달라져가는 남과 북의 관계

3장. 만들자! 통일의 미래.
똑똑! 다가가기 남과 북이 서로 통하다
아하! 알아보기 1 차이들이 만나서 새롭게 만들어내는 공동체, '통일'
아하! 알아보기 2 분단이 만들어낸 문제들을 해결하는 과정 '통일'
같이! 함께하기 리듬합주를 통해 생각하는 차이들의 만남과 하모니
뚜벅! 나아가기 통일절 상상하기

2장. 함께하자! 통일 한반도
똑똑! 다가가기 한반도의 아리랑
아하! 알아보기 1 닮았지만 다른 우리, 코리언
아하! 알아보기 2 모든 코리언이 한반도 통일의 주인공
같이! 함께하기 차이에서 만들어지는 새로움
뚜벅! 나아가기 내가 부르는 아리랑

우리가 한반도에 만들어 갈 '통일'은 단순히 하나의 국가와 제도를 선택하는 것이 아닙니다. 바로 남과 북에 살고 있는 사람들의 마음을 장벽을 극복하고, 서로 더불어 살아가는 사회를 만들어 가는 것입니다.
　한반도에서 함께 살던 사람들은 남과 북으로 분단되었을 뿐 아니라, 일제강점기 당시 다른 나라로 떠나 지금까지 그곳에서 살아가고

있기도 합니다. 그래서 통일은 남북만이 아니라 해외에 흩어져 살아가는 코리언 모두가 함께 소통하고 화합하는 새로운 공동체를 만드는 것이기도 합니다.

또한 통일은 우리 사회 곳곳에 남아있는 증오와 상처와 같은 그동안 분단으로 인해 만들어졌던 온갖 부정적인 것들을 넘어서는 과정을 의미합니다. 그리고 이 과정은 한 번의 사건이 아니라 지금, 여기서부터 우리들이 만들어나가야 하는 것입니다.

그렇다면 이런 과정을 통해 진정한 통합에 이르는 한반도의 통일은 과연 어떤 모습일까요?

제1장

허물자!
마음의 장벽

무슨 일이 있었던 걸까?

두 사진은 어떤 사건과 장면을 보여주고 있나요?

금강산 관광

개성공단

여러분은 금강산으로 여행을 간다고 상상해 본 적이 있나요?

첫 번째 사진은 바로 금강산 관광을 위해 DMZ*를 지나다니던 버스의 사진입니다. 버스의 뒤로는 금강산이 보이네요! 1998년 11월부터 2008년 7월까지 10년 동안 우리는 금강산으로 여행을 다닐 수 있었습니다.

두 번째 사진은 어떤 장면일까요? 바로 개성공단의 모습입니다. 개성공단은 2005년부터 2013년까지 남과 북이 서로 협력하여 물건을 생산한 곳입니다. 개성공단에서 일하는 남한 사람들은 DMZ를 지나 매일 차를 타고 북한 개성으로 출퇴근을 했습니다.

그런데 왜 두 가지 일이 모두 중단되었을까요?

* DMZ는 비무장지대(Demilitarized zone)입니다. 이곳은 남과 북의 군사시설이나 무기가 설치될 수 없도록 약속되어 있는 공간입니다. 휴전선을 중심으로 남쪽과 북쪽으로 약 2Km씩 둘 사이를 벌려 놓고 있으며, 일반 사람들이 쉽게 출입할 수 없는 곳이기도 합니다.

마음의 장벽을 허물어 가는 과정, '통일'

독일의 통일, 무너진 '베를린 장벽'

여러분은 누가 어떻게 통일을 만드는 것이라고 생각하고 있나요? 한반도처럼 분단을 겪었던 독일은 1990년 통일을 이루었습니다. 그렇게 독일을 동과 서로 나누었던 베를린 장벽을 허물고 통일을 이룬 지 약 30여 년이 지났습니다.

동베를린과 서베를린 사이에 놓인 베를린 장벽을 넘고 있는 동독 주민들

독일 통일 후 베를린 장벽이 있었던 자리에 표시된 기록

통일 후 30년, 여전히 남은 '마음의 장벽'

통일 이후 오랜 시간이 지났지만 동·서독 주민들 사이에는 서로를 적대시하고 꺼리는 마음이 여전히 남아 있습니다. 독일의 통일은 동독이 서독의 법과 제도를 선택하는 통합 과정이었습니다. 그렇기 때문에 서로의 '다름'에 대해 이해하려는 노력이 부족했고 서로에 대한 오해와 불신으로 마음의 장벽이 남아 있는 것입니다.

'마음의 장벽', '머릿속의 장벽' 허물기

남과 북은 독일보다도 더 오랜 세월 분단된 채 70여 년을 살아왔습니다. 서로의 생활방식과 문화가 낯설게 느껴질 만큼 오랜 시간이 지나온 것입니다. 우리가 앞으로 만들어 가야 할 통일은 독일 통일의 사례에서 보았던 것처럼 하나의 국가와 제도를 만드는 일보다 서로에게 남아 있는 '마음의 장벽', '머릿속의 장벽'을 허무는 데 있습니다. 그런 의미에서 통일은 특정 정치인이 만드는 것이 아니라 우리 모두가 고민하고 만들어 가야 하는 과제라고 할 수 있습니다.

'사람의 통일'과 '과정으로서의 통일'

우리보다 먼저 통일을 이룬 나라들의 사례를 통해 우리가 생각해야 할 것은 무엇일까요? 그것은 우리가 만들어 가야 하는 통일이 '정치', '경제'와 같은 국가의 통일만을 의미하지 않는다는 점입니다. 분단된 남과 북이 통일로 가는 과정은 마음의 장벽을 허무는 '사람의 통일'이며 그렇기 때문에 단 한 번에 끝나는 '사건'이 아니라 조금씩 만들어가는 '과정으로서의 통일'이 되어야 합니다.

'사람의 통일'을 만들기 위한 노력

먼저 온 통일

그런데, 우리에게도 통일 독일에서 벌어지는 갈등의 문제가 이미 발생하고 있습니다. 여러분은 혹시 '탈북민', '북한이탈주민', '새터민'과 같은 단어를 들어본 적이 있나요? 이 말들은 북한에서 태어나고 살다가 남한으로 건너온 사람들을 가리키는 말입니다. 현재 3만 명이 넘는 북한이탈주민이 우리와 함께

살고 있습니다. 그리고 남한으로 온 이들을 우리는 '먼저 온 통일'이라고도 부르기도 합니다.

마음은 아직 만나지 못한 우리

하지만 안타깝게도 북한이탈주민들은 갑자기 달라진 제도와 생활문화 때문에 여러 가지 어려움을 겪고 있습니다. 그중에서도 가장 힘들어하는 것 중 하나는 남한 사람들이 북한이탈주민들을 향해 갖는 차별의 태도입니다. 이런 상황을 가리켜서 '몸은 만났지만, 마음까지 만나지는 못했다'고 표현하기도 합니다.

남과 북이 달라진 분단의 세월

우리 주변에는 북한과 통일에 대해 부정적인 생각을 갖고 있는 사람들이 많습니다. 그것은 아마도 오랜 세월 서로를 미워하며 지내온 시

간 때문일 것입니다.

남과 북은 1948년 이후로 서로 다른 국가로 분단되어 살아왔습니다. 남과 북은 서로 다른 정치와 경제 방식을 꾸리고, 다른 문화와 가치들을 만들어냈습니다. 그러는 70여 년의 세월 동안 남북 주민들은 서로 자유롭게 왕래하거나 교류할 수 없었습니다. 서로가 달라진 것은 너무나 당연한 일입니다.

우리가 만들어야 할 통일의 미래

앞서 독일의 사례에서 보았듯이, 우리가 만들어야 할 통일은 남과 북 사이에 놓여있는 경계선뿐 아니라 남북 주민들 마음속에 놓인 장벽을 허무는 과정이 되어야 합니다. 그것은 또한 베를린 장벽이 무너진 것처럼 한 번의 사건이 아니라 오랜 시간 동안 많은 과정과 여러 노력을 통해 점차 이루어지는 것입니다.

함께하는 새로운 공간
DMZ 평화통일공원 만들기

독일에 베를린 장벽이 있었다면, 한반도 '분단의 경계'에는 DMZ가 있습니다. 우리는 남과 북의 경계가 된 DMZ를 어떻게 상생하는 평화와 통일의 공간으로 만들어 갈 수 있을까요?

DMZ는 1953년 6·25전쟁이 끝나면서 맺은 정전협정의 결과로 만

들어진 남과 북의 비무장지대입니다. 동해와 맞닿은 강원도 고성부터 강화도를 지나 서해 5도까지 정해진 군사분계선으로부터 남한과 북한으로 각각 2km 지점까지의 공간입니다. 이 공간을 경계로 남과 북은 나눠진 채 70여 년을 보냈고, 여전히 이 경계선 너머로 서로를 마주 보고 있습니다.

이곳은 철원 비무장지대에 위치하고 있는 태봉* 도성터, 즉, 궁예의 왕궁터가 있는 곳입니다. 남북의 군사분계선은 옛 도성터를 대각선으로 가로지르고 있습니다.

* 신라 말기 901년에 궁예가 세운 나라이며, 후고구려라고 불리기도 했습니다. 왕건이 고려를 세울 때까지 18년간 이어졌던 나라입니다. 이 나라의 수도는 송악(북한 개성의 옛이름)에서 철원으로 옮겨졌으며, 북한의 철원땅에 그 도성터가 남아 있습니다.

그러나 6·25전쟁 후 DMZ가 설정되면서 이곳은 남과 북 모두 접근할 수 없게 되었습니다. 그래서 복원을 위한 조사도 이루어지지 못한 채 그대로 DMZ 내부에 방치되고 있습니다.

지금은 아무도 살고 있지 않지만, DMZ는 한반도의 허리, 중부지역에 해당하는 곳입니다. 선사시대부터 시작해서 일제강점기에 이르기까지 다양한 역사문화유적들이 있고 남과 북을 관통하며 흐르는 강들이 있는 곳입니다.

이제 DMZ는 서로를 적대하고 경계하던 공간에서 가장 가깝고 쉽게 만날 수 있는 공간으로 달라지는 중입니다.

DMZ 평화통일공원이 만들어진다면 어떤 시설들이 필요할까요? DMZ가 남과 북이 함께 통일을 고민할 수 있는 공간이 될 수 있도록 DMZ 평화통일공원을 어떻게 만드는 것이 좋을지 친구들과 함께 이야기를 나누어 봅시다.

달라져왔고 달라져가는 남과 북의 관계

남과 북은 분단을 극복하기 위해 여러 차례 만나 새로운 내용을 합의하고 결정해왔습니다. 남북은 서로 상대방의 체제를 인정하기도 했고, 통일 방안에 대한 '공통성'을 찾고 구체적이고 실질적인 협력방안들을 찾기도 했습니다. 그 과정에서 남북의 관계는 계속해서 달라져 왔습니다. 아마 앞으로도 계속해서 달라질 것입니다.

7·4 남북공동성명

1972년 남과 북이 자주, 평화, 민족대단결이라는 통일원칙을 만든 최초의 합의문

남북기본합의서

1991년, 남북은 상대방을 침략하지 않고 서로 교류하고 협력해 나갈 것을 합의

6·15 남북공동선언
(최초로 직접 만난 남북 정상)

2000년, 남북이 통일을 위한 남측의 연합제 안과 북측의 낮은 단계의 연방제 안이 서로 공통성이 있다고 인정한 공통성 찾기의 역사적 사례

10·4 선언

2006년, 두 국가 사이의 평화로운 관계 형성을 넘어서 남과 북이 함께 공영하는 '상생'의 길을 약속

판문점선언

2018년 4월, 그 동안 중단되었던 남북의 평화와 공동번영을 만들기로 한 합의문

평양공동선언

2018년 9월, 남북의 정상이 평양에서 정상회담을 하고 상호 교류와 협력을 통해 실질적인 공동번영을 약속한 합의문

1. 남과 북이 분단극복을 위해 진행해온 관계개선의 사례들에 대해 좀 더 알아봅시다.

---

2. 가장 최근에 진행되고 있는 남북 협력 사례가 무엇인지 뉴스 검색을 통해 찾아봅시다.

제2장
함께하자! 통일 한반도

한반도의 아리랑

알고 있었나요?

한민족의 노래, 코리언의 노래 '아리랑'은 여러 가지 종류가 있습니다.

산지가 많은 한반도의 지형 때문에 만들어진 노래 아리랑에는 '아리랑 고개를 넘어간다'는 가사들이 담겨 있습니다. 각 지역마다 독특함이 담겨 있는 아리랑은 코리언들이 있는 곳이면 어디나 존재합니다.

닮았지만 다른 우리, 코리언

비슷하지만 똑같지 않은 우리, 가족

한 가족의 사진입니다. 사진 속에 있는 사람들의 얼굴이 어떤가요? 각각의 사람들이 완전히 '똑같이' 생기지 않았지만, 어딘가 닮아있다는 생각이 들지 않나요? 같은 유전자를 공유하고 있어도 완전히 똑같이 생긴 가족은 없습니다. 심지어 일란성 쌍둥이 사이에도 '차이'는 있기 마련입니다.

함께 살았던 우리, 코리언

이렇게 '똑같지는' 않지만 '닮아있는' 우리, 식민과 분단 이전, 함께 살았던 한반도를 기억하고 그리워하며 살아가고 있는 사람들이 바로 '코리언', 한민족입니다. 이때 '코리언'은 남북의 주민과 해외 동포들을 모두 포함합니다. 한반도는 적어도 고려 시대 이후부터 하나의 정치공동체를 유지해 왔고, 사회문화적 통합 능력도 높았습니다. 조선 시대의 정치적·문화적 영향력은 촌락까지 넓게 퍼져 있었습니다. 그래서인지 한민족은 다른 나라 사람들에 비해 핏줄에 대한 유대감, 같은 문화에 대한 유대감이 강한 편입니다.

닮음의 흔적을 가진 사람들, 코리언

가족은 서로 닮았지만 눈, 코, 입 등의 생김새가 모두 일치하는 것은 아닙니다. 그렇지만 한 가족일 수 있습니다. 한민족도 가족과 마찬가지로 핏줄이 같다는 한 가지 특징, 우리말과 글을 사용한다는 한 가지 특징으로만 규정될 수 없습니다.

많은 재일 조선인은 자신들을 코리언이라고 생각하면서 일본 국민이기를 거부합니다. 하지만 이들은 우리말과 글을 포함하여 우리 문화에 익숙하지 않습니다. 재중 조선족은 우리말과 글을 가장 많이 쓰지만 자신들을 중국 국민이라고 생각합니다. 재러 고려인은 우리말과 글은 익숙하지 않지만 한민족의 전통문화 및 예절을 지키며 살아갑니다. 그렇다면 누가 우리 민족이라고 할 수 있을까요?

한국의 김치

고려인의 당근김치

우리는 모두 코리언

사실 이들 모두 우리 민족, '코리언'입니다. 위의 사진 속에 있는 재러 고려인의 당근김치는 한국인이나 재중 조선족들이 중국에서 먹는 김치의 모양과는 다릅니다. 하지만 이들이 살고 있는 러시아에서는 당근김치를 우리 고유의 '김치'라고 알고 있습니다. '춘향전'도 마찬가지입니다. 해외동포들이 만드는 춘향전도 마치 가족이 닮았지만 생김새가 다른 것처럼 조금씩 다른 모습을 보여주고 있습니다.

모든 코리언이
한반도 통일의 주인공

통일을 꿈꾸는 사람들, 해외의 코리언

지금 한반도를 떠나 다른 국적으로 살아가고 있는 코리언들은 각자 자신이 속한 국가의 소수민족으로 살아가고 있습니다. 그러나 이들은 자신을 단순히 현재 살고 있는 국가의 국민이라고만 생각하지 않

일본 조선학교에서 치마저고리를 입고 수업 받는 재일조선인 학생들, 영화 〈우리학교〉의 한 장면

습니다. 이들은 여전히 한반도를 '모국'이라고 생각하고 자신을 '코리언'이라고 생각합니다. 그리고 무엇보다 남과 북이 서로 소통하고 교류하기를 간절히 바라고 있습니다. 그 이유는 무엇일까요?

'예전에 우리가 살았던 곳', 한반도를 그리워하는 사람들

일본이 식민지배를 하면서 많은 사람들이 고향을 등지고 다른 나라로 떠나야 했습니다. 살기 힘들어서 떠난 사람도 있고, 일본에 의해 강제로 떠난 사람들도 있었지만 이들은 고향 땅에 언젠가 돌아오길 꿈꾸며 떠났습니다. 이들 중 많은 사람들은 해방이 된 후 고향 땅으로 돌아오고 싶었지만 여러 이유로 다른 나라 땅에서 살게 되었습니다. 그러다가 남과 북으로 분단된 두 국가의 갈등과 대립이 심해지면서, 영영 돌아오지 못한 사람들이 많이 생겨났습니다.

남과 북의 중간 다리

1992년 한중수교 이후 중국 연변자치구*에 살아가고 있는 재중 조선족들은 남과 북의 사람들이 교류하고 소통할 수 있게 하는 중간 다리의 역할을 하고 있습니다. 남한의 학자들과 북한의 학자들은 중국 연변에서 만나 학술대회를 진행하기도 하고 남과 북의 소통방안에 대해서 함께 고민하기도 합니다. 이것이 가능했던 것은 재중 조선족들이 중간 다리의 역할을 해주었기 때문입니다.

* 중국 길림성에 있는 우리 동포들이 모여 살고 있는 곳입니다.

코리언이 함께 만들어 가는 과정, '통일'

이처럼 해외 동포의 역할 가운데는 대한민국과 조선민주주의인민공화국이라는 두 국가가 화해할 수 있는 중간 다리로서의 역할이 매우 중요합니다. 즉 한반도의 통일은 남과 북의 주민뿐 아니라, 타국에서 살아가고 있는 코리언들과 함께 만들어 가는 과정이 될 것입니다.

서로 다르지만 닮아있는 한 가족처럼 서로 다른 곳에서 살아온 코리언들이 함께하는 미래의 통일 한반도는 우리들이 더불어 만들어야 할 새로운 '공동체'일 것입니다.

차이에서 만들어지는 새로움

셀로판 종이로 색 겹치기 활동을 해봅시다.

준비물 : 셀로판 종이 빨강, 노랑, 파랑색

 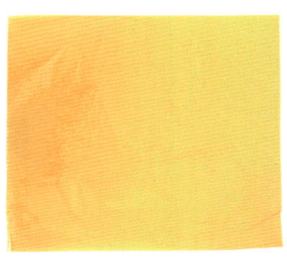 

1. 같은 색의 셀로판 종이를 겹쳐 봅시다. 어떤 색이 나오나요?

2. 서로 다른 색의 셀로판 종이를 겹쳐 봅시다. 어떤 색이 나오나요?

3. 색 겹치기 활동을 통해서 차이가 만들어내는 새로움에 대한 이야기를 나눠 봅시다.

4. 다르기 때문에 불편하다, 혹은 어색하다고 생각했던 것들에 대해 다시 생각해보고 통일을 만들어 가는 과정에서 우리가 가져야 할 자세에 대해 이야기 나눠 봅시다.

내가 부르는 아리랑

사할린 아리랑

1. 아리랑 아리랑 아라리요 아리랑 고개를 넘어간다.

풍파 사나운 바다를 건너 한 많은 남화태 징용왔네.

2. 아리랑 아리랑 아라리요 아리랑 고개를 넘어간다.

철막 장벽 높아만 가고 정겨운 고향길 막연하다.

3. 아리랑 아리랑 아라리요 아리랑 고개를 넘어간다.

정치 개방후 해빛은 맑고 우리의 살림엔 경사도 많다.

4. 아리랑 아리랑 아라리요 아리랑 고개를 넘어간다.

나를 버리고 가시는 님은 십리도 못가서 발병난다.

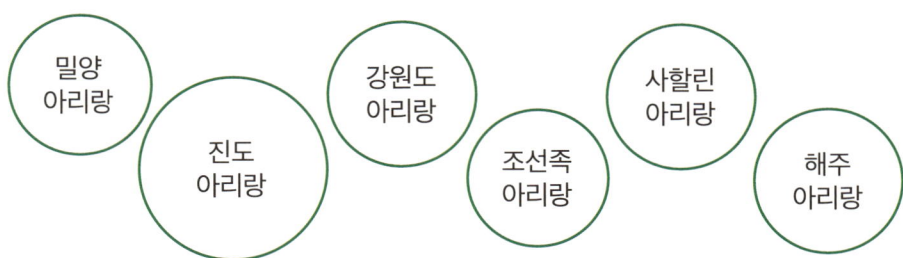

각 지역의 아리랑 가사를 찾아 보았나요? 코리언이 함께 부를 수 있는 모두의 아리랑 가사를 함께 만들어 봅시다.

제3장
만들자! 통일의 미래

남과 북이
서로 통하다

다음 사진속의 사례들을 비롯하여 남북예술단 합동공연, 개성 만월대 남북공동 발굴작업, 남북 겨레말큰사전 공동편찬, 개성공단 경제협력 등 남과 북이 서로 교류하고 소통하기 위해 문화예술, 역사, 학

〈군사 분야〉 DMZ지역 남북공동 지뢰제거

〈스포츠 분야〉 탁구 남북단일팀 출전

술문화, 경제 등 다양한 분야에서 노력했던 여러 가지 활동들이 있었습니다.

　남과 북이 분단의 경계를 허물어가는 과정에서 또 어떤 일들을 함께 해나갈 수 있을까요?

차이들이 만나서 새롭게 만들어내는 공동체, '통일'

오케스트라로 생각해보는 '통일'

오케스트라는 서로 다른 악기들이 만나 하나의 멋진 음악을 만들어내는 합주단입니다. 오케스트라에 참여하는 각 연주자들이 하나의 아름다운 하모니를 만들어내기 위해서는 많은 노력이 필요합니다. 우선 악보를 잘 이해하고 지휘자의 지휘를 따라 자신의 악기를 잘 연

주해야 합니다. 하지만 오케스트라의 연주는 하나의 악기만으로 만들어지는 음악이 아닙니다. 그렇기 때문에 다른 연주자가 연주하는 악기의 소리와 순서에도 귀를 기울이고 함께 맞춰 연주해야만 합니다.

통일의 미래, 서로를 이해하고 함께 노력하는 과정
오케스트라의 연주 과정은 우리가 통일을 만들어 가는 과정과 비슷합니다. 각 구성원이 자신의 특성을 드러낼 수 있어야 하고 또 서로에 대한 이해와 호흡이 어우러지는 과정이 우리가 만들어 가야 할 통일입니다.

출발선, 너와 나는 모두 평등하다는 생각
그러기 위해서는 어느 한쪽의 방식을 강요하거나 우선순위를 두고

평가해서는 안 될 것입니다. 한반도 통일을 함께 만들어 가야 하는 남과 북의 주민들, 재일 조선인, 재중 조선족, 재러 고려인 등 모든 구성원이 평등하다는 출발선에서부터 시작되어야 합니다. 누군가가 더 옳고 더 낫다는 생각은 차별을 만들고 상처를 입히며 통합을 해칩니다. 평등에서부터 시작하는 민주적인 태도를 통해서 열린 공동체를 만들어가는 것이 한반도 통일이 되어야 할 것입니다.

다르기 때문에 새로워질 수 있는 통일의 미래

한반도의 통일은 단순히 분단 이전의 하나였던 상태로 돌아가는 것을 의미하지 않습니다. 서로 다른 환경과 처지에서 살아온 각 곳의 코리언들이 함께 어우러지는 새로운 공동체의 만남입니다.

다른 것이 만나는 과정은 낯설고 불편할 수도 있습니다. 하지만 다르기 때문에 새로운 것들이 만들어질 수 있는 기회와 가능성이 있습니다. 중요한 것은 어떻게 함께 해 나갈지를 고민하는 것입니다. 내가 상대방에게 나의 기준을 강요하지는 않았는지, 스스로 돌아보는 자세를 가지는 것입니다.

분단이 만들어낸 문제들을 해결하는 과정, '통일'

지금보다 더 나은 사회를 만드는 '통일'

우리가 분단을 넘어 통일한반도를 만들어가야 하는 진짜 이유는 무엇일까요? 통일이 분단된 지금보다 더 나은 사회를 만들어가는 과정

DMZ 속 평야 - 파주 장단면에서 연천 백학면까지 임진강 유역과 철원 지역의 DMZ 지대는 과거 평야였던 곳이 많습니다.

사라진 철원역 - 분단 전에는 서울역 다음으로 컸던 철원역은 전쟁과 휴전 후 이용되지 못한 채 흔적만 남아있습니다.

이기 때문입니다. 물론 그렇게 하기 위해서는 많은 고민과 노력이 필요합니다.

분단이 우리에게 남긴 것

한반도의 분단은 남과 북 사이의 정치적 대립과 정서적 갈등을 가져왔습니다. 그뿐 아니라 남과 북이 서로 대립하면서 한반도에는 거대한 군사시설들이 DMZ를 비롯한 곳곳에 설치되었습니다.

남과 북의 경계선인 DMZ는 동쪽 지역은 산, 서쪽 지역에는 구릉과 평야 지형을 갖고 있습니다. 6·25전쟁 동안 한반도의 곳곳이 전쟁을 겪으며 파괴되고 훼손되었습니다. 그 가운데 DMZ는 가장 치열했던 전투를 겪으며 생태환경은 물론 사람들의 삶터가 파괴되었습니다.

전쟁이 우리에게 남긴 것

한번 생각해 봅시다. 지금은 철책선과 군사시설이 설치되어서 군인

강화평화전망대의 망향대, 분단으로 떠나온 고향을 그리워하는 사람들이 이곳을 찾습니다.

강원도 지역 DMZ에 자주 출몰하는 멸종위기 동물 산양의 모습입니다.

이 아니면 들어갈 수 없는 이곳에서 농사를 짓고, 출퇴근을 하고, 매일 살아가던 사람들은 전쟁이 났을 때 그리고 전쟁이 끝났을 때 어떻게 되었을까요? 남과 북 사이에 경계선이 된 이 많은 철책은 어디에서 어떻게 가져와 산과 들에, 강가와 바닷가에 설치된 것일까요?

아픔을 치유하는 과정, 더 나은 미래를 만드는 '통일'

전쟁을 겪고 분단을 겪으며 많은 사람들이 아픔을 겪었고, 산과 들에 동식물들의 터전이 훼손되었습니다. 통일은 끊어지고 망가졌던 사람들의 삶과 자연의 생명을 치유하고 회복하는 과정이 되어야 합니다.

리듬합주를 통해 생각하는 차이들의 만남과 하모니

친구들과 악기를 서로 나누고 다음 악보에 맞춰 함께 리듬 합주를 해 봅시다.

리듬합주를 하면서 어떤 생각이 들었나요?

하나의 노래를 멋지게 연주하기 위해서는 많은 시간이 필요합니다. 같은 악보를 가지고 함께 연주하지만, 연주에 참여하는 사람들이 어떻게 하고 있는가에 따라서 음악은 전혀 달라지기 때문입니다. 나 자신의 연주도 중요하고, 함께 참여하고 있는 사람들의 연주도 중요합니다. 그보다 더 중요한 것은 서로 다른 부분, 또 함께 맞춰야 하는 부분들을 같이 맞추면서 여러 차례 연습하는 것입니다.

통일도 하나의 음악을 연주하는 과정과 같습니다. 서로 다른 수많은 구성원들이 앞으로 새롭게, 그리고 함께 살아갈 공동체를 만들어 가는 과정이 한반도의 통일입니다.

오랜 시간이 걸리고 많은 것들을 고민하고 노력하며 맞춰나가는

〈천국과 지옥〉 중 서곡

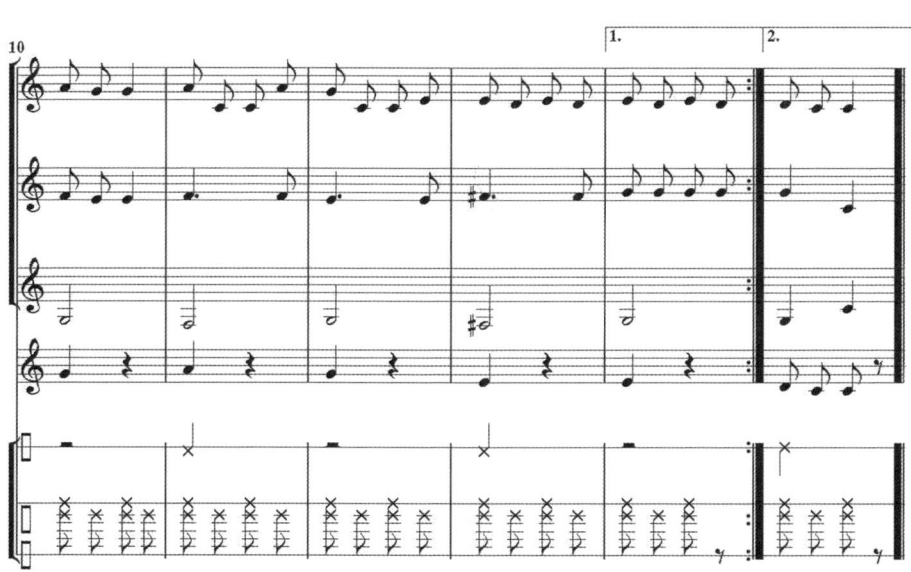

힘든 과정일 수도 있습니다. 하지만 그렇게 했을 때 우리는 모든 구성원의 삶에 이로운 진정한 통일을 만들어 낼 수 있을 것입니다. 남과 북, 해외의 코리언 모두는 다 다르지만 함께 살아가고 소통하는 공동체를 소망하고 있습니다.

통일절 상상하기

통일 후, 한반도는 어떤 모습일까요?

남과 북이 통일되어서 기념일로 '통일절'이 생긴다면 통일절 기념행사는 어떻게 꾸며지면 좋을까요? 내가 기획자라고 생각하고, 모두가 함께 어우러질 수 있는 통일절 기념행사를 꾸며 봅시다.

1. 통일절 기념행사는 어느 장소에서 개최하면 좋을까요? 한반도 지도에 표시해 봅시다.

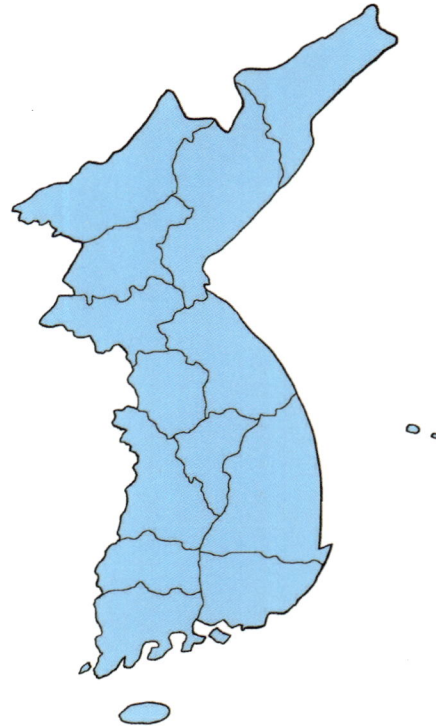

2. 통일절 기념 마스코트는 무엇이 좋을까요? 빈칸에 그려 넣어 봅시다.

3. 통일절 기념행사에서 함께 부를 노래는 어떤 것이 좋을까요? 빈칸에 함께 부를 노래들을 적어 봅시다.

4. 이외에도 통일절 행사에서 무엇을 하면 좋을까요? 더 많은 것들을 생각해 봅시다.